평범한 우리 어린이들을 다음 세대
위인으로 만들어 줄 교과서 위인 이야기!
효리원의 교과서 위인 이야기는 초등학교
교과 과정에 나오는 국내외 위인들을, 우리나라
최고 아동 문학가 53인이 재미있게 동화로 구성했습니다.
지혜와 용기로 위대한 삶을 산 위인들의 이야기는,
어린이들의 마음속에 '나도 할 수 있다.'는
희망의 씨앗을 심어 줄 것입니다!

## 일러두기

1. 띄어쓰기와 맞춤법 : 초등학교 국어 교과서와 국립국어원의『표준국어대사전』을 기준으로 하였습니다.
2. 외래어 지명과 인명 : 국립국어원의『외래어 표기 용례집』을 기준으로 하였습니다.
3. 이해가 어려운 단어 : (　) 안에 뜻풀이를 하였습니다.
4. 작가 연보 : 연도와 함께 나이를 표기하고, 업적을 간략히 소개하였습니다. 우리나라 위인은 태어난 해를 한 살로 하였고, 외국 위인은 만 나이로 태어난 다음 해를 한 살로 하였습니다. 정확한 자료가 없는 위인은 연도와 업적만을 나타냈습니다.
5. 내용 구성 : 위인의 삶은 역사적 자료를 바탕으로 최대한 사실적으로 구성하였습니다. 그러나 읽는 재미를 위해 대화 글이나 배경 묘사, 인물의 감정 표현 등에 작가의 상상력을 더했습니다.
6. 그림 구성 : 문헌을 바탕으로 위인이 살던 시대를 충실히 나타내도록 하되 복식의 색상이나 장식, 소품, 건물 등은 작가의 상상으로 그렸습니다.
7. 내용 감수 : 각 분야의 전문가들로 구성된 편집 위원들이 꼼꼼히 감수를 하였습니다.

# 인류 평화를 기원한 다이너마이트 발명가

## 노 벨

박재형 글 / 정금석 그림

## 이 책을 읽는 학부모님과 선생님께

노벨상은 물리나 화학, 의학, 문학 분야에서 큰 업적을 남겼거나, 세계 평화를 위해 가장 애쓴 사람에게 주는 상이지요. 우리나라에서는 김대중 전 대통령이 노벨 평화상을 받았습니다.

노벨상을 모르는 사람은 많지 않습니다. 그런데 노벨이 어떻게 돈을 벌었으며, 왜 노벨상을 만들었는지는 잘 알지 못합니다.

알프레드 노벨은 발명가인 아버지의 영향을 받아 문학가가 되려던 꿈을 접고 발명에 일생을 바친 사람입니다. 발명왕 에디슨보다 더 많은, 355가지나 되는 발명품들을 만들어 냈습니다. 특히 노벨은 연구에 연구를 거듭해 광산이나 도로, 탄광 등에서 편리하게 사용할 수 있는 다이너마이트를 만들었습니다. 다이너마이트는 노벨의 발명품 중에서 가장 유명한 것으로, 큰돈을 벌 수 있게 해 주었습니다.

그런데 편리한 세상이 되기를 바라고 만든 화약이 사람들을 해

치는 데 이용되는 것을 보며 노벨은 매우 괴로워했습니다. 그래서 인류의 평화를 위해 노벨 평화상을 만들게 되었다고 합니다.

발명왕이라고 부르는 에디슨보다도 더 많은 발명을 한 노벨이야말로 우리 어린이들이 정말 본받아야 할 위인이라고 생각됩니다.

부모님이나 선생님이 먼저 이 책을 읽은 다음, 어린이들에게 찬찬히 읽어 주었으면 좋겠습니다. 아무리 쉽게 풀어 써도 어휘력이 짧은 어린이들에게는 폭탄 이름이나 발명 과정에 등장하는 약품의 이름들은 낯설 수밖에 없습니다.

부모님이나 선생님께서 이야기를 들려주시면서 설명을 해 주시고, 다이너마이트를 발명하는 과정에서 수없이 어려움을 겪지만 끝내 포기하지 않은 알프레드 노벨의 노력을 어린이들이 이해할 수 있도록 도와주세요.

노벨의 삶을 통해, 어린이들이 발명과 노력의 중요성을 깨닫게 된다면 정말 좋겠습니다.

# 머리말

어린이 여러분, 유치원이나 학교에서 상을 받아 보셨나요?

상을 받으면 부모님께도 자랑하고 싶고, 친구들에게도 자랑하고 싶어지지요.

이 세상에서 가장 훌륭한 상은 노벨상입니다. 노벨은 유럽 북쪽에 있는 스웨덴이라는 나라에서 태어난 사람의 이름입니다.

알프레드 노벨은 다이너마이트라는 화약을 만들어 큰돈을 벌었고, 나중에 그 돈으로 상을 만들었답니다.

참, 다이너마이트라는 화약에 대해 잘 모르지요? 도로를 만들거나 땅속에 있는 금이나 은, 석탄 등을 캐내려면 먼저 큰 바위를 깨뜨려야 하는데, 그때 사용하는 화약이랍니다.

자, 그럼 노벨이 어떻게 다이너마이트를 발명했는지 알아볼까요? 이 책을 읽고 여러분도 남들이 만들어 내지 못한 것을 만들어 내는 훌륭한 사람이 되는 꿈을 가져 보세요.

글쓴이 박재형

# 차 례

"아들입니다."

1833년 10월 21일, 스웨덴의 수도 스톡홀름에서 한 아기가 태어났습니다.

"아가야, 안녕? 드디어 만났구나. 내가 아빠란다. 형들도 너를 환영하고 있단다."

아버지 임마누엘은 갓 태어난 사랑스런 아기를 보며 미소를 지었습니다.

"엄마, 우리 아가 예뻐!"

**알프레드 노벨** | 다이너마이트 발명가이자 노벨상의 창시자인 노벨의 모습입니다.

형 로베르트와 루트비히가 요람 옆에서 아기를 들여다보며 좋아했습니다.

아기는 알프레드 베르하르드 노벨이라는 이름을 갖게 되었습니다.

알프레드의 아버지 임마누엘 노벨은 집을 짓거나 다리를 만들 때 필요한 설계도를 그리는 설계사였습니다. 그런데 아버지는 설계도를 그리는 것보다 발명을 더 좋아했습니다. 전람회에 출품해 상을 받기도 했고 특허를 내기도 했지만, 학교에 다니지 못했기 때문에 새로운 기계를 발명하는 데 필요한 공식이나 지식을 알지 못했습니다. 그래서 무척 어렵게 연구를

해야 했습니다. 그런데다가 아이들이 늘어나자 살림이 점점 쪼들렸습니다. 아버지는 궁리를 하다가 러시아로 건너갈 생각을 했습니다.

"러시아로 가서 살길을 찾아보겠소. 어렵더라도 내가 성공할 때까지 참아 주시오."

아버지가 러시아로 떠나고 4년이 지난 가을, 알프레드는 초등학교에 입학을 했습니다. 두 형은 5학년과 3학년이 되어, 삼 형제가 함께 학교에 다녔습니다.

삼 형제는 모두 공부를 잘했습니다. 그중에서도 몸이 약한 막내 알프레드가 제일 잘해 항상 1, 2등을 다투었습니다. 알프레드가 가장 좋아하는 과목은 국어였는데, 이야기를 하거나 글쓰기에 뛰어난 소질을 나타냈습니다.

알프레드가 2학년이 된 지 얼마 지나지 않은 날이었습니다. 학교에서 돌아오는 알프레드를 어머니가 매우 기쁜 표정으로 맞이했습니다.

"아버지가 편지를 보내셨구나. 기계 공장을 지어 돈을 많이 버신대.”

어머니는 좋아서 아버지가 보내 온 편지를 흔들었습니다.

“정말이에요?”

알프레드도 신이 나서 깡충깡충 뛰었습니다.

뒤늦게 학교에서 돌아온 형들도 이 소식을 듣고는 좋아서 입을 다물지 못했습니다.

“와, 잘됐다! ”

알프레드 삼 형제와 어머니는 서둘러 아버지가 계신 러시아로 이사를 갔습니다.

페테르스부르크(지금의 상트페테르부르크)로 간 알프레드네 가족은 행복했습니다. 아버지

가 마련한 집은 무척 커서 형제들은 마음껏 뛰어놀 수 있었습니다. 형제들은 정원에서 숨바꼭질을 하며 신나게 뛰어다녔습니다.

"와와, 하하하. 알프레드가 술래다!"

"열까지 셀게. 빨리들 숨어!"

형제들의 웃음소리가 늘 집 안 가득 울려 퍼질 정도로 행복한 나날이었습니다.

얼마 후 동생 에밀이 태어났습니다. 알프레드는 귀여움을 독차지했던 막내 자리를 에밀에게 물려주었습니다. 하지만 여전히 가족의 웃음소리는 끊이지 않았습니다.

삼 형제는 공부가 끝나면 아버지의 공장에 놀러 갔습니다.

알프레드는 공장을 돌아다니며 구경을 했습니다.

"아버지, 이게 뭐예요?"

"아, 그건 기뢰라는 거야."

"기뢰가 뭔데요?"

"화약을 가득 채워서 물속에 띄워 두는 무기야. 적의 군함이 아무것도 모르고 다가와 기뢰에 닿으면 폭발해서 산산조각이 난단다."

"큰 군함이 부서져 버려요? 그럼 아주 무서운 무기네요."

"그렇지. 나라를 지켜 주는 훌륭한 무기란다. 너도 아빠처럼 연구를 많이 해서 발명가가 되었으면 좋겠구나."

아버지는 공부를 잘하는 알프레드가 자기 뒤를 이어 발명가가 되었으면 좋겠다고 생각했습니다.

알프레드도 어느덧 열일곱 살이 되었습니다.

"알프레드, 미국에 가서 공부를 하고 오너라."

"전 문학을 공부해서 훌륭한 문학 작품을 쓰는 작가가 되고 싶어요."

"네가 문학 공부를 하고 싶어 한다는 건 알지만……. 미국에 스웨덴에서 건너간 존 에릭슨이란 분이 살고 있단다. 네가 아버지 대신 에릭슨 공장에 가서 뜨거운 공기에 대해 좀 배워 왔으면 좋겠구나."

아버지는 훌륭한 발명가가 되려면 훌륭한 과학자한테 배우는 게 좋다고 생각했습니다.

"알았어요. 아버지 말씀대로 따르겠어요."

알프레드는 작가가 되고 싶은 꿈을 접고 대서양을 건너 미국으로 갔습니다.

그리고 아버지가 말한 에릭슨의 연구실을 찾아갔습니다.

“알프레드 군, 나도 뜨거운 공기에 대한 연구를 하고 있는데, 자네는 다른 걸 연구하는 게 좋겠어.”

에릭슨은 알프레드에게 아버지의 뜻과는 다른 것을 연구하라고 했습니다.

알프레드는 화가 났습니다. 그렇지만 꾹 참았습니다. 기술을 배우거나 연구를 하는 것보다는 아름다운 시를 쓰고 싶었기 때문에 오히려 잘 된 일이라고 생각했습니다.

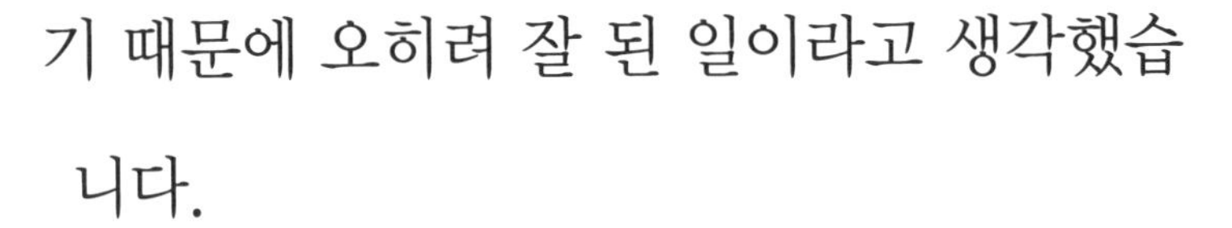

그래서 알프레드는 아버지에게 드릴 책을 몇 권 사서 가방에 넣고 대서양을 건너 유럽으로 갔습니다.

알프레드는 러시아로 돌아가지 않고 프랑스의 수도 파리에서 살았습니다.

어느 날, 러시아에서 아버지가 보낸 편지가 도착했습니다.

알프레드에게

오랫동안 소식이 없어 몹시 궁금하구나.

넌 미국과 프랑스에서 과학을 공부했으니, 더욱 기대가 크구나. 네가 돌아올 날만 기다리고 있으마.

-아버지로부터-

알프레드는 편지를 읽고 무척 부끄러웠습니다.

'아버지는 지금도 형들과 함께 공장에서 일하고 계시겠지.'

알프레드는 부끄러움으로 얼굴이 붉어졌습니다.

알프레드는 3년 만에 페테르스부르크로 돌아왔습니다.

"알프레드, 잘 돌아왔다. 그동안 많은 걸 배웠겠지?"

아버지는 환하게 웃으며 말했습니다.

"저, 사실은 과학 공부를 하지 않았어요. 그동안 셸리의 시를 읽고 소설책을 읽으면서 시간을 보냈어요. 하지만 이젠 아버지의 뜻대로 형들과 열심히 일할게요."

"알프레드, 이제라도 네가 마음을 정했다니 다행이다. 앞으

로 열심히 연구를 해 주렴."

아버지는 웃는 낯으로 용서를 했습니다.

1853년, 러시아의 육군이 터키로 쳐들어가자 영국과 프랑스가 힘을 합쳐 터키를 돕겠다고 나섰습니다.

그리하여 러시아는 프랑스, 영국, 터키를 상대로 전쟁을 치르게 되었습니다. 크림 반도와 흑해에서 일어난 이 전쟁을 크림 전쟁이라고 합니다.

러시아에는 북쪽 핀란드 만의 크론슈타트 군항과 남쪽 크림 반도의 세바스토폴 군항이 있었습니다. 이 두 곳은 러시아를 지키는 중요한 항구였습니다.

전쟁이 시작되고 얼마 뒤, 니콜라이 황제가 알프레드의 아버지 임마누엘 노벨을 불렀습니다.

"적이 크론슈타트 항구를 통해 먼저 공격을 해 올 것 같소. 그곳에 그대가 발명한 기뢰를 설치하고 싶소."

"네, 분부대로 기뢰를 설치하겠습니다."

"이 사실을 적이 눈치채면 곤란하오."

“알겠습니다. 아무도 모르게 설치하겠습니다.”

아버지는 로베르트와 함께 기뢰를 설치했습니다.

이 기뢰는 적의 함대가 핀란드 만으로 들어오지 못하도록 잘 막아 주었습니다.

# 놀라운 작은 약병

어느 날, 러시아의 유명한 학자인 시닌이 찾아왔습니다. 시닌은 작은 약병을 꺼내 주석 판 위에 액체를 한두 방울 떨어뜨리고는 알코올램프로 뜨겁게 달구었습니다. 그러자 액체가 불꽃을 내며 타올랐습니다.

시닌은 다시 그 액체를 철판에 붓고 망치로 쳤습니다. 그러자 '뻥!' 하는 소리가 크게 났습니다.

"이것은 니트로글리세린 아닙니까?"

"알고 계셨군요. 이 액체는 폭발력이 아주 강합니다. 그러나

이 액체를 접시에 넣고 불을 붙이면 눈 깜짝할 사이에 타다가 꺼지고 맙니다.”

“그러니까 니트로글리세린을 연구해 보자는 말이지요?”

“그렇습니다. 흑색 화약 대신 이 액체를 화약으로 쓸 수만 있다면 강력한 무기를 만들 수 있을 것입니다.”

“좋아요. 저도 흑색 화약보다 더 강한 것을 만들고 싶었어요. 한번 연구해 봅시다!”

다음 날부터 노벨 부자(아버지와 아들)는 니트로글리세린에 대한 연구를 시작했습니다. 그러나 연구를 계속할 수가 없었습니다. 크림 전쟁으로 영국이나 프랑스에서 사 오던 기계를 사 올 수 없게 되자, 노벨 공장에 주문이 늘어났기 때문이었습니다. 또 군함이나 대포 같은 전쟁에 필요한 무기를 만들어 달라는 주문도 쉴 새 없이 밀려들었습니다.

아버지는 돈을 많이 빌려 큰 공장을 지었습니다. 러시아 정부가 전쟁이 끝나도 기계를 계속 주문하겠다는 약속을 했기 때문에 공장 시설을 늘렸던 것입니다.

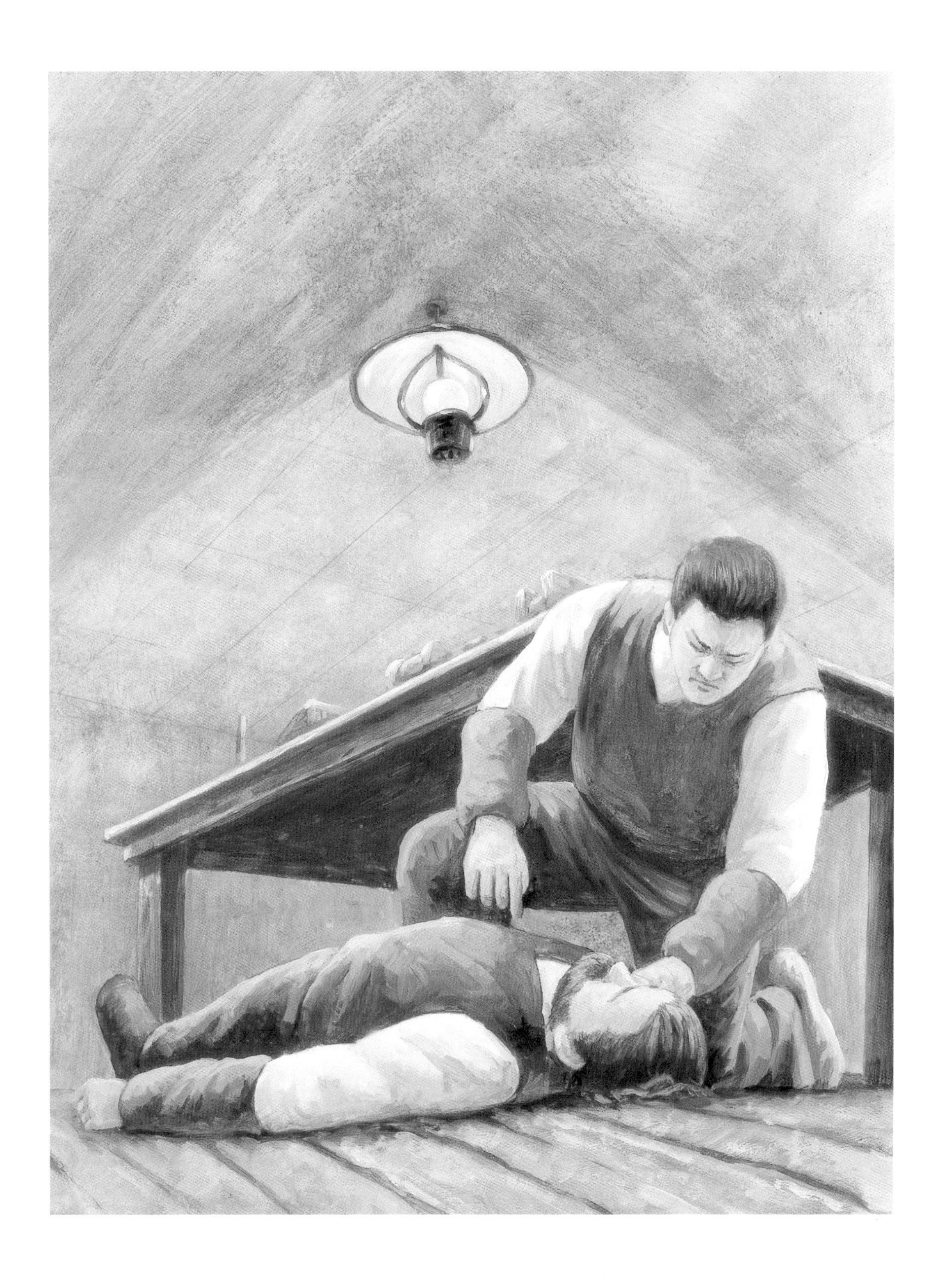

그러나 크림 전쟁이 2년째로 접어들자 러시아는 자꾸 전쟁에서 졌습니다. 게다가 니콜라이 황제가 병으로 세상을 떠나자 마침내 러시아는 크림 전쟁에서 손을 들고 말았습니다.

노벨 공장은 크게 손해를 입었습니다. 러시아 정부는 더 이상 주문도 하지 않았고, 그 전에 가져다 쓴 무기 값도 치르지 않았습니다.

"이토록 애써 키운 공장 문을 닫아야 하다니……."

아버지는 공장을 팔아 빚을 갚고는 빈털터리가 되었습니다. 그러고는 어머니와 막내 에밀을 데리고 스톡홀름으로 돌아갔습니다.

알프레드는 하루빨리 니트로글리세린을 이용해 성능이 좋은 화약을 만들고 싶었습니다. 그래서 연구실에서 살면서 쉬지 않고 연구를 했습니다. 그러다가 심하게 앓게 되었습니다. 큰형이 발견하지 않았다면 알프레드는 죽었을지도 모르는 일이었습니다.

알프레드는 3월이 다 되어서야 자리에서 일어났습니다. 몸은 많이 약해졌지만 알프레드의 마음속에는 새로운 희망이 움트고 있었습니다.

'몸만 추스르고 나면 깜짝 놀랄 만한 발명품을 만들어 내고야 말겠어.'

알프레드의 마음속에 봄이 찾아온 것이었습니다.

알프레드는 연구를 시작하기 전에 가족이 보고 싶어 스웨덴으로 갔습니다.

**노벨상 메달과 실험 기구** | 노벨상 메달(왼쪽)의 앞면과 알프레드 노벨이 사용했던 실험 기구들(오른쪽)입니다.

알프레드의 가족은 작은 집에서 초라하게 살고 있었습니다. 아버지는 알프레드가 도착하자마자 연구실로 데려갔습니다. 연구실은 보잘것없었지만, 발명을 하기 위해 끊임없이 노력하는 아버지를 보며 절로 고개가 숙여졌습니다.

러시아로 돌아온 알프레드에겐 목표가 생겼습니다.

'니트로글리세린을 이용해 강한 화약을 만들어 보자!'

알프레드의 머릿속엔 온통 니트로글리세린뿐이었습니다.

'니트로글리세린을 폭발시키는 데 흑색 화약을 사용하면 어떻게 될까?'

알프레드는 니트로글리세린을 유리병에 넣고, 그 병에 흑색 화약을 채운 굵은 구리 관을 넣었습니다.

가슴을 졸이며 알프레드는 흑색 화약에 불을 붙였습니다. 화약은 탔지만 니트로글리세린에는 아무런 변화가 없었습니다.

알프레드는 실망이 컸습니다. 하지만 포기하지 않고 다른 방법을 생각했 보았습니다.

'흑색 화약을 넣은 금속관을 납으로 막으면 어떨까?'

알프레드는 실험실로 달려갔습니다. 실험은 멋지게 성공했습니다.

"야, 해냈어! 내가 해냈다고!"

알프레드는 기뻐하며 형을 찾아갔습니다.

"루트비히 형, 드디어 성공했어요. 니트로글리세린을 이용한 새로운 화약을 터뜨리는 방법을 알아냈어요."

"잘됐구나. 실험은 끝냈겠지?"

"아니요. 그게 문제예요. 실험실에선 성공했지만, 사람들

앞에서도 성공할 수 있을지 모르겠어요. 로베르트 형이 있다면 큰 힘이 될 텐데."

"로베르트 형을 부르자. 함께 실험을 해 보는 거야."

루트비히는 자신의 일처럼 좋아하며 알프레드에게 힘을 불어넣어 주었습니다.

드디어 실험을 하기로 한 날이 되었습니다. 알프레드는 두 형과 함께 강가로 나갔습니다.

알프레드는 새로운 화약통에 연결된 심지에 조심스럽게 불을 붙이고 강을 향해 던졌습니다.

"쾅!"

강물에 떨어지기도 전에 화약통은 큰 소리를 내며 터졌습니다.

"성공이다! 알프레드, 장하다!"

두 형은 알프레드를 껴안고 축하해 주었습니다.

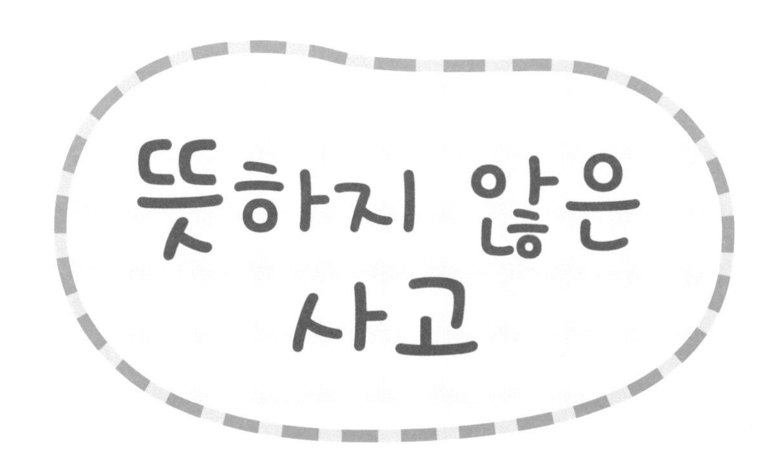


어느 날, 알프레드는 화약 설명회를 하러 스톡홀름에 갔습니다. 그런데 공장에서 일하는 사람이 그를 찾아 그곳까지 왔습니다.

"공장에서 폭발 사고가……."

그 사람은 말을 제대로 잇지 못했습니다.

알프레드는 급히 마차를 몰아 집으로 향했습니다.

'제발 아무도 다치지 않았으면……'

알프레드의 마음은 까맣게 타들어 갔습니다.

엄청난 폭발로 공장 근처에 있는 집들은 산산이 부서지고, 공장은 불에 타서 잿더미로 변해 버렸습니다. 그리고 공장에서 연구를 하던 막냇동생 에밀과 일하던 사람들이 죽었습니다.

'아아, 내가 사랑하는 에밀이 죽다니! 믿을 수 없어.'

알프레드는 가슴이 너무 아파서 화약에 대해 생각하기도 싫었습니다. 사고 경위를 조사한 경찰관은 알프레드에게 말했습니다.

"앞으로 화약 만드는 것을 금합니다. 절대 안 됩니다."

공장이 폭발하고 에밀이 죽었다는 소식을 들은 아버지는 충격을 받아 뇌출혈로 쓰러지고 말았습니다.

그러나 알프레드는 포기하지 않았습니다.

'내가 당한 고통은 아무것도 아니다. 사람들이 편히 살 수 있는 세상을 만들려면 좋은 화약이 꼭 필요해.'

알프레드는 꿈을 포기하지 않고 가슴속에 잠시 묻어 두었습니다.

그러던 어느 날, 어머니의 숙모뻘 되는 분이 스미트라는 실업가를 소개해 주었습니다.

노벨의 초상화가 들어 있는 스웨덴 우표(1946년경)

"알프레드, 새로운 화약 공장을 지읍시다. 필요한 돈은 내가 댈 테니 걱정하지 마시오."

알프레드는 이 말을 듣고 매우 기뻤습니다.

그즈음 도로나 철도 공사를 하는 사람들에게는 화약이 꼭 필요했습니다. 적은 비용으로 빠른 시일 안에 바위를 깨뜨리는 데에 화약보다 더 좋은 건 없었습니다.

알프레드는 병상에 누워 있는 아버지와 의논해 메라렌 호숫가에다 공장을 짓기로 했습니다.

니트로글리세린 덕택에 터널 공사가 성공적으로 끝나자 스톡홀름 사람들도 공장을 짓는 것을 반대하지 않았습니다.

알프레드는 공장을 세우는 일이 끝나자 독일의 함부르크로 갔습니다. 빙클러라는 사람이 화약 공장을 짓고 싶다고 알려

왔기 때문이었습니다.

알프레드는 빙클러의 도움으로 화약 공장을 세우고 '알프레드 노벨 회사'라는 간판을 내걸었습니다. 알프레드가 서른두 살 때의 일이었습니다.

노벨 회사는 화약을 만드느라 무척 바빴습니다. 주문이 밀려들어 왔으며, 화약은 만들기만 하면 팔려 나갔습니다.

그런데 액체로 된 니트로글리세린은 흔들리면 폭발하는 성질이 있습니다. 그래서 아주 조심스럽게 다루어야 합니다. 그런데 그러지 못해 미국의 뉴욕 와이오밍 호텔과 오스트레일리아의 시드니에서 니트로글리세린을 저장하고 있던 창고가 폭발해 큰 피해를 입었습니다. 또 파나마 운하를 통해 태평양으로 가던 유럽 호에 실려 있던 니트로글리세린이 폭발하는 바람에 배가 침몰하는 사고도 일어났습니다.

'니트로글리세린이 액체라서 위험한 거야. 돌처럼 딱딱하다면 운반하기도 쉽고, 폭발하지도 않을 텐데…….'

알프레드는 보다 안전한 화약을 만들기 위해 더욱 노력했습니다.

그러던 어느 날이었습니다. 규조토가 알프레드의 눈에 띄었습니다. 니트로글리세린을 담은 아연 관을 나무통 속에 넣을 때 그 주위에 채워 두는 것이 규조토였습니다. 규조토는 구멍이 많은 흙으로, 크뤼멜 지방에 많았습니다.

당시에는 니트로글리세린을 아연 관에 넣고, 이 아연 관을 다시 나무통 속에 넣어 운반을 했습니다. 그리고 통 속에서 아연 관들이 서로 부딪히는 것을 막기 위해 대개 대팻밥을 채워 넣었습니다.

그러나 크뤼멜 공장에서는 대팻밥 대신에 흔한 규조토를 쓰고 있었습니다. 어쩌다 아연 관이 깨져 니트로글리세린이 흘러나와도 규조토가 빨아들였습니다.

'규조토와 니트로글리세린을 섞는다면?'

알프레드는 규조토에 니트로글리세린을 섞어 새로운 화약을 만들어 보았습니다.

"형, 이제 됐어요! 규조토를 섞은 니트로글리세린 화약은

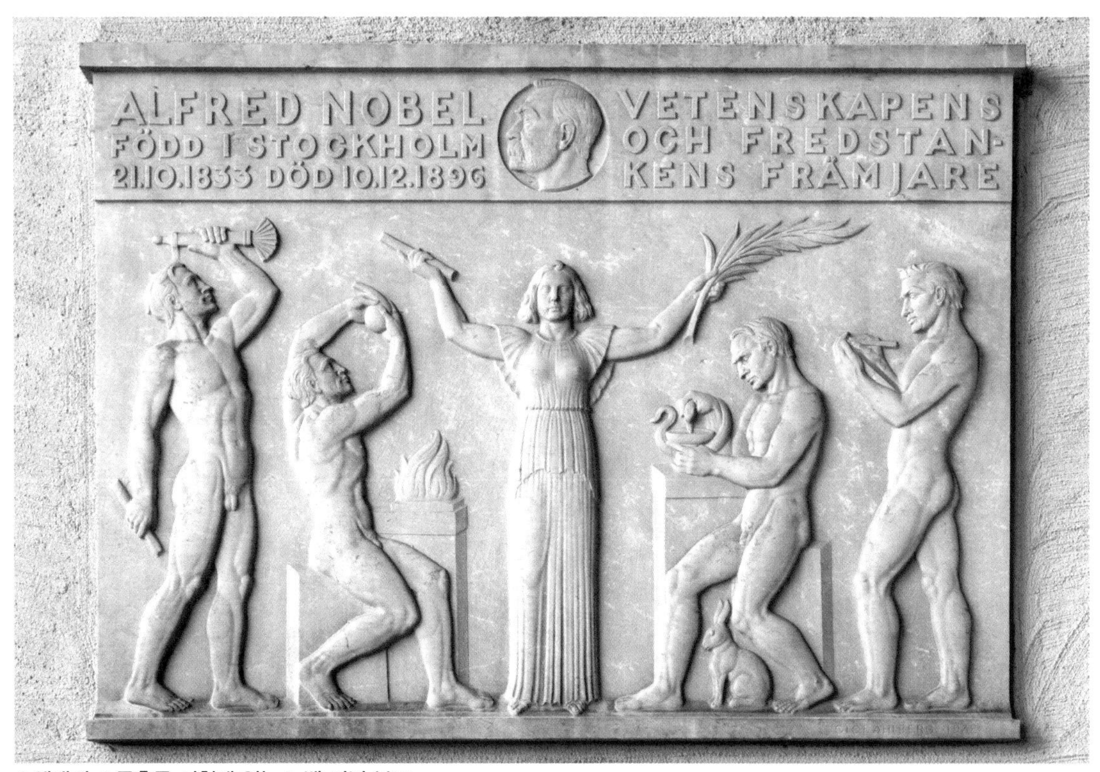

스웨덴의 스톡홀름 시청에 있는 노벨 기념 부조

다루기도 편하고, 멀리 운반해도 터지지 않아요."

액체인 니트로글리세린에 규조토를 섞어서 만든 화약은 단단했습니다. 그래서 멀리까지 운반을 해도 폭발하는 일이 없었습니다. 새로운 화약 개발에 성공한 알프레드는 무척 기뻐하며 이 화약에 '다이너마이트'라는 이름을 붙였습니다.

알프레드도 어느덧 마흔 살이 되었습니다.

그런데 알프레드에게 고민이 하나 있었습니다. 광산에서는 다이너마이트가 별로 인기가 없었기 때문이었습니다. 다이너마이트는 니트로글리세린보다 안전하기는 하지만 폭발력이 크지 않았습니다.

'어떻게 하면 안전하면서도 더 강력한 화약을 만들 수 있을까?'

알프레드는 자나 깨나 화약 생각을 하며 지냈습니다.

아버지가 세상을 떠난 다음 해에 알프레드는 프랑스 파리로 이사를 했습니다.

어느 날, 알프레드는 젊은 조수 퍼렌바흐와 실험을 하다가 실수로 시험관을 깨뜨렸습니다. 그 바람에 유리 조각에 손가락을 베었습니다. 상처가 깊어 피가 얼른 멈추지 않았습니다.

“제가 물 반창고(액체 반창고)를 만들어 드릴게요.”

퍼렌바흐는 솜에 알코올과 에테르를 섞어 젤리 같은 물 반창고를 만들어 알프레드의 상처에 붙여 주었습니다.

그날 밤, 알프레드는 상처가 몹시 아파 잠에서 깼습니다.

‘물 반창고를 붙였는데 왜 이렇게 아프지?’

알프레드는 욱신거리는 손가락을 꽉 잡고 앉아 있었습니다. 그때 문득 떠오르는 생각이 있었습니다.

‘물 반창고를 붙이면 상처가 아프지 않아. 그런데 왜 아프지? 니트로글리세린을 만지던 손으로 물 반창고를 만들었기 때문일까? 그렇다면 물 반창고가 니트로글리세린을 녹였다는 소린데…….’

알프레드는 얼른 일어나 연구실로 달려갔습니다.

그리고 실험을 시작했습니다. 유리 접시에 물 반창고를 만들려고 섞어 두었던 약을 조금씩 나누어 담아 젤리로 만들었습니다. 그러고는 이것에 니트로글리세린을 섞어 보았습니다.

"성공이다! 니트로글리세린이 녹았어!"

알프레드는 너무 기뻐서 자기도 모르게 소리를 질렀습니다.

어느새 날이 밝았습니다. 조수인 퍼렌바흐가 출근을 해 연구실로 들어서다가 깜짝 놀랐습니다. 알프레드가 잠옷 차림으로 연구실에서 웃고 있었던 것입니다.

"선생님, 무슨 일입니까? 무슨 일이 있었습니까?"

"자네 덕분에 좋은 화약을 발견했어. 이걸 보게. 젤라틴 다이너마이트일세. 어제 자네가 만들어 준 물 반창고에 니트로글리세린을 녹여 만든 것일세."

알프레드의 설명을 들은 퍼렌바흐는 아침 햇살을 받아 빛나고 있는 접시를 바라보았습니다.

"축하드립니다, 선생님!"

"고마워. 자네가 도와준 덕분이지. 아직 화약을 다 만든 건 아니네. 젤라틴 액을 얼마나 넣어 굳게 해야 하는지, 니트로글리세린은 얼마나 넣어야 하는지, 좀 더 실험을 해 봐야 해. 자, 다시 시작이야."

알프레드는 다시 연구실에 틀어박혀 젤라틴 다이너마이트를 만드는 실험을 했습니다. 250여 차례의 실험 끝에 마침내 알프레드는 '젤라틴 다이너마이트(지금도 군대에서 사용하고 있는 젤라틴 폭약)'를 만들어 냈습니다.

"네가 만든 화약은 대포나 총알로는 사용할 수가 없어."

형의 말에 알프레드 노벨은 다시 연구를 시작했습니다. 그래서 마침내 '발리 스타이트'라는 화약을 만들었습니다. 이 화약은 끈처럼 길게 만들 수도 있고, 크기를 작게 만들 수도 있었습니다. 폭발을 해도 연기가 거의 나지 않았으며, 총을 망가뜨리지도 않았습니다.

이 새로운 화약에 대한 소문은 금세 이웃 나라로 퍼져 나갔습니다. 이탈리아가 제일 먼저 발리 스타이트를 만드는 권리

를 사고 싶다고 했습니다. 알프레드는 별 생각 없이 허락을 했습니다. 그러자 프랑스 정부가 노벨을 미워했습니다.

"알프레드 노벨은 프랑스의 적이다."

"알프레드 노벨은 뷔에이유의 제조 방법을 훔쳐 냈다."

신문들도 날마다 알프레드 노벨이 뷔에이유의 제조 방법을 훔쳤다고 보도했습니다.

**노벨 흉상** | 노르웨이의 오슬로 노벨 연구소 앞에 있습니다.

어느 날, 프랑스 경찰이 몰려왔습니다.

"당신은 뷔에이유의 특허를 훔쳤다는 혐의를 받고 있소. 집을 수색하겠소."

“이게 무슨 짓입니까? 억울합니다.”

경찰은 집 안을 샅샅이 뒤졌습니다. 알프레드 노벨이 아무리 항의를 해도 경찰은 들은 척도 하지 않았습니다.

‘어디 두고 보자. 내가 죄를 짓지 않았다는 사실이 반드시 밝혀질 테니까.’

알프레드 노벨은 화가 났지만, 꼼짝도 하지 않고 경찰이 닥치는 대로 뒤지는 모습을 바라보았습니다.

경찰은 끝내 노벨을 의심할 만한 증거를 찾아내지 못하고 돌아갔습니다. 그러고는 노벨의 집에 아무도 드나들지 못하도록 막아 버렸습니다. 발리 스타이트도 만들지 못하게 했습니다.

# 노벨상의 탄생

알프레드 노벨은 프랑스를 떠나 이탈리아의 산레모로 이사를 갔습니다. 지중해를 끼고 있는 산레모는 아름답고 평화로운 곳이었습니다.

알프레드는 산레모에 연구소를 세우고 '산레모 연구소'라고 불렀습니다. 그곳에서 많은 젊은 과학자들이 알프레드 노벨을 도와 연구를 했습니다.

알프레드 노벨은 평생 동안 화약뿐만 아니라 뇌관을 만들기도 했으며, 인조 가죽이나 인조 비단, 액체 계량기 등 355가지나 되는 발명품을 만들어 냈습니다.

어느 날, 알프레드 노벨은 편지를 한 통 받았습니다. 그 편지는 리포리시에 사는 스웨덴 출신의 가난한 소녀가 보낸 것이었습니다. 소녀는 자기 가족의 어려운 생활에 대해 자세히 적어 보냈습니다. 아버지를 여의고, 병석에 누운 어머니와 어린 동생을 뒷바라지하며 어렵게 살고 있는 소녀였습니다.

알프레드 노벨은 불쌍한 그 소녀에게 돈을 보내 주었습니

노르웨이의 수도 오슬로에 있는 노벨 평화 센터

다. 힘든 일을 이겨 내면 반드시 성공할 것이라는 내용을 담은 격려의 편지도 함께 보내 주었습니다. 그리고 사람을 보내 약국에 일자리를 마련해 주었습니다.

얼마 후, 그 소녀에게서 다시 편지가 왔습니다. 덕분에 약국에 취직을 해 일하게 되었다면서 약국 근처에 지날 일이 있으면 꼭 들러 달라는 내용이었습니다.

그러던 어느 날, 알프레드 노벨은 리포리시를 지나는 길에 그 소녀를 찾아갔습니다.

"안녕, 잘 지내고 있지?"

노벨이 찾아가자 소녀는 깜짝 놀라며 좋아했습니다.

편지를 쓰기는 했지만, 노벨이 정말로 자기를 찾아 줄 것이라고는 생각하지 못했던 것입니다.

"그럼요! 잘 지내고 있어요. 덕택에."

"포기하지 말고 꿋꿋이 살면 반드시 잘살게 될 거야."

"네, 실망시키지 않을게요."

소녀는 알프레드 노벨의 말을 듣고는 힘을 내서 열심히 살

겠다고 다짐했습니다. 알프레드 노벨은 소녀를 보며 마음이 흐뭇했습니다. 알프레드 노벨은 이렇게 가난한 사람들을 많이 도와주었습니다.

알프레드가 산레모에서 지내고 있을 즈음, 세계 여러 나라는 전쟁 준비에 한창이었습니다.

'전쟁이 일어나면 이 세상은 어떻게 될까?'

알프레드 노벨은 가슴이 답답해졌습니다. 전쟁이 일어나면 알프레드 노벨이 발명한 화약은 더욱 많은 사람들의 목숨을 앗아갈 것입니다. 자기가 평생을 바쳐 연구해 온 화약이 사람을 죽게 한다면 그것보다 더 슬픈 일이 없었습니다.

'이제 난 늙었어. 더 늦기 전에 세계 평화를 위해 무슨 일이든지 해야겠어.'

알프레드 노벨은 자신이 평생 모은 재산을 세계 평화를 지키는 일에 바쳐야겠다고 생각했습니다. 그래서 재산을 모두 팔아 은행에 넣어 두도록 했습니다.

1895년 11월 17일, 알프레드 노벨은 유언장을 썼습니다.

**노벨 도서관** | 노벨 문학상 수상 작품을 모아 놓은 스웨덴 아카데미 내부의 노벨 도서관 모습입니다.

**내가 남긴 저금에서 생기는 이자를, 세계 여러 나라 사람들을 위해 물리학, 화학, 병리학 또는 의학에 공을 세운 사람, 훌륭한 문학 작품을 쓴 사람, 세계 평화를 위해 애쓴 사람들에게 상금으로 주기 바랍니다. -알프레드 노벨-**

1896년 12월 10일, 알프레드 노벨은 조용히 눈을 감았습니다. 그리고 스웨덴의 스톡홀름으로 옮겨져 아버지, 어머니, 동생 에밀이 잠든 가족묘에 묻혔습니다.

그는 하늘나라로 갔지만 그가 만든 노벨상은 세계에서 가장 큰 상이 되었습니다.

## 노벨의 삶

| 연대 | 발자취 |
| --- | --- |
| 1833년(0세) | 10월 21일, 스웨덴의 스톡홀름에서 아버지 임마누엘 노벨 2세와 어머니 안드리에테 카롤리나 알셀의 셋째 아들로 태어나다. |
| 1837년(4세) | 사업에 실패한 아버지가 홀로 러시아로 떠나다. |
| 1841년(8세) | 성 야코프고등선교학교에 입학하여 초등 교육을 받다.<br>아버지가 만든 기뢰가 러시아 정부와 황제에게 인정을 받다. |
| 1842년(9세) | 온 가족이 러시아 페테르스부르크(지금의 상트페테르부르크)로 이사하다. |
| 1843년(10세) | 막냇동생 에밀이 태어나다. 가정 교사에게 러시아어를 배우다. |
| 1850년(17세) | 아버지의 권유로 미국에 갔다가 파리로 건너가 셸리의 시 등 문학책을 많이 읽다. |
| 1852년(19세) | 아버지의 편지를 받고 페테르스부르크로 돌아가 아버지의 연구를 돕다. |
| 1853년(20세) | 건강이 나빠져서 독일의 에가 온천에서 요양을 하다. |
| 1854년(21세) | 페테르스부르크 대학교의 시닌 교수에게서 니트로글리세린 연구를 권유받다. |
| 1862년(29세) | 니트로글리세린 화약을 연구해 폭발시키는 데 성공하다. |
| 1863년(30세) | 니트로글리세린 화약 특허를 얻어 스톡홀름에 화약 공장을 세우다. |
| 1864년(31세) | 화약이 폭발해 공장에 있던 동생 에밀이 죽다. 니트로글리세린 화약을 만들지 못하게 되다. |
| 1865년(32세) | 독일 함부르크 근처에 화약 공장인 '알프레드 노벨 회사'를 세우다.<br>뉴욕 와이오밍 호텔에서 니트로글리세린이 폭발하다. |
| 1866년(33세) | 오스트레일리아의 시드니, 파나마 운하에서 니트로글리세린을 싣고 가던 유럽 호가 폭발하다. 안전하고 강력한 다이너마이트를 발명하다. |
| 1870년(37세) | 프랑스와 러시아 사이에 일어난 전쟁에 다이너마이트가 무기로 사용되다. |
| 1872년(39세) | 아버지 임마누엘 노벨 2세가 세상을 떠나다. |
| 1875년(42세) | 젤라틴 다이너마이트를 발명하고, 스코틀랜드에 노벨 회사를 세우다. |
| 1887년(54세) | 두 형과 함께 '노벨 형제 나프타 회사'라는 석유 회사를 세우다. |
| 1888년(55세) | 무연 화약 '발리 스타이트'를 발명하다. |
| 1889년(56세) | 어머니 안드리에테가 세상을 떠나다. |
| 1890년(57세) | 프랑스에서 쫓겨나 이탈리아의 산레모에 연구소를 세우고 가난한 사람을 돕다. |
| 1895년(62세) | 자신의 전 재산을 세계 평화에 써 달라는 유언장을 작성하다. |
| 1896년(63세) | 12월 10일, 이탈리아의 산레모에서 세상을 떠나다. |
| 1901년 | 제1회 노벨상 시상식이 스톡홀름에서 거행되다. |

## 읽으며 생각하며!

1. 알프레드 노벨의 고향은 어디인가요?

2. 어린 시절 알프레드의 꿈은 무엇이었나요?

3. 다음과 같은 일이 일어나자 노벨은 연구를 거듭하여 마침내 다이너마이트를 만들어 내는 데 성공합니다. 다이너마이트는 무엇과 무엇을 섞어 만든 것인가요?

액체로 된 니트로글리세린은 흔들리면 폭발하는 성질이 있습니다. 그래서 아주 조심스럽게 다루어야 합니다. 그런데 그러지 못해 미국의 뉴욕 와이오밍 호텔과 오스트레일리아의 시드니에서 니트로글리세린을 저장하고 있던 창고가 폭발해 큰 피해를 입었습니다. 또 파나마 운하를 통해 태평양으로 가던 유럽 호에 실려 있던 니트로글리세린이 폭발하는 바람에 배가 침몰하는 사고도 일어났습니다.

4. 노벨은 자신의 꿈을 포기하고 아버지의 바람대로 과학자가 됩니다. 노벨이 만약 자신의 꿈대로 작가가 되었다면 그의 삶은 어떻게 달라졌을지 여러분의 의견을 적어 보세요.

"알프레드, 미국에 가서 공부를 하고 오너라."

"전 문학을 공부해서 훌륭한 문학 작품을 쓰는 작가가 되고 싶어요."

"네가 문학 공부를 하고 싶어 한다는 건 알지만……. 미국에 스웨덴에서 건너간 존 에릭슨이란 분이 살고 있단다. 네가 아버지 대신 에릭슨 공장에 가서 뜨거운 공기에 대해 좀 배워 왔으면 좋겠구나."

아버지는 훌륭한 발명가가 되려면 훌륭한 과학자한테 배우는 게 좋다고 생각했습니다.

"알았어요. 아버지 말씀대로 따르겠어요."

5. 노벨은 자신의 발명품으로 인해 공장이 불타고 수많은 직원과 동생 에밀을 잃습니다. 그러나 계속되는 시련에도 불구하고 그는 연구와 실험을 포기하지 않았지요. 그 이유는 무엇이었을지 적어 보세요.

6. 두 친구가 노벨 위인전을 읽고 나서 대화를 나누고 있습니다. 여러분은 둘 중 누구의 의견에 동의하나요? 그 이유는 무엇인가요?

알프레드가 산레모에서 지내고 있을 즈음, 세계 여러 나라는 전쟁 준비에 한창이었습니다.

'전쟁이 일어나면 이 세상은 어떻게 될까?'

알프레드 노벨은 가슴이 답답해졌습니다. 전쟁이 일어나면 알프레드 노벨이 발명한 화약은 더욱 많은 사람들의 목숨을 앗아갈 것입니다. 자기가 평생을 바쳐 연구해 온 화약이 사람을 죽게 한다면 그것보다 더 슬픈 일이 없었습니다.

'이제 난 늙었어. 더 늦기 전에 세계 평화를 위해 무슨 일이든지 해야겠어.'

알프레드 노벨은 자신이 평생 모은 재산을 세계 평화를 지키는 일에 바쳐야겠다고 생각했습니다. 그래서 재산을 모두 팔아 은행에 넣어 두도록 했습니다.

- 채린 : 노벨이 훌륭한 발명품을 만들긴 했지만 그것이 무기가 되어 많은 사람들을 죽거나 다치게 했어. 노벨이 다이너마이트를 만들지 않았더라면 그런 일은 없었을 텐데, 그는 큰 잘못을 한 거야.
- 원상 : 난 그렇게 생각하지 않아. 잘못은 위대한 물건을 나쁜 곳에 사용한 사람들에게 있는 게 아닐까?

1. 스웨덴의 스톡홀름.

2. 작가.

3. 니트로글리세린과 규조토.

4. 예시 1 : 아버지의 뜻을 따르는 것도 중요하지만, 내가 하고 싶은 일을 해야 더 행복할 것 같다. 그리고 내가 선택한 일을 해야 실패하더라도 후회하거나 누군가를 탓하는 일이 없을 것이다. 노벨이 작가가 되었다면 위대한 발명품 대신 훌륭한 문학 작품이 탄생했을지도 모른다.
   예시 2 : 노벨에게 가장 잘 맞는 일이 무엇인지 누구보다 잘 아는 사람이 아버지였을 것이다. 노벨이 작가의 꿈을 꿀 당시는 아직 정확한 판단을 하기에는 어린 나이였으므로 경험이 풍부한 아버지의 뜻을 따르는 편이 나았을 것 같다. 그 결과 노벨은 인류를 위해 크게 이바지하는 위인이 되었다.

5. 예시 : 사람들이 장차 편히 살 수 있는 세상을 만들기 위해서 자신이 당하는 고통 정도는 기꺼이 감수하기로 한 것이다. 즉 '나와 내 가족'보다는 '온 인류'를 먼저 생각한 것이다. 한두 번의 실패에 좌절하고 포기했다면 인류의 생활에 큰 편리함을 가져다 준 다이너마이트는 세상에 태어나지 않았을 것이다.

6. 예시 : 원상이의 의견에 동의한다. 노벨이 처음부터 나쁜 목적을 갖고 다이너마이트를 만든 것이 아니기 때문이다. 노벨은 광산이나 건설 현장 같은 곳에서 쓰이길 바라는 마음으로 수차례 도전 끝에 다이너마이트를 만드는 데 성공했고, 실제로 생활 현장에서 유용하게 쓰이고 있었다. 그러다 사람들이 전쟁 등에 사용하면서 위험한 무기가 된 것이다. 어떤 물건이든 사용하는 사람에 따라 그 의미가 달라지는 것 같다. 만든 것 자체를 비난한다면 이 세상은 한 발짝도 앞으로 나아가지 못할 것이다.

## 역사 속에 숨은 위인을 만나 보세요!

### 한국사 인물

- 광개토 태왕 (374~412)
- 을지문덕 (?~?)
- 연개 소문 (?~666)
- 김유신 (595~673)
- 대조영 (?~719)
- 장보고 (?~846)
- 왕건 (877~943)
- 강감찬 (948~1031)
- 최무선 (1328~1395)
- 황희 (1363~1452)
- 세종 대왕 (1397~1450)
- 장영실 (?~?)
- 신사임당 (1504~1551)
- 이이 (1536~1584)
- 허준 (1539~1615)
- 유성룡 (1542~1607)
- 한석봉 (1543~1605)
- 이순신 (1545~1598)
- 오성과 한음 (오성 1556~1618 / 한음 1561~1613)

### 한국사 사건

- 고조선 건국 (B.C. 2333)
- 철기 문화 보급 (B.C. 300년경)
- 고조선 멸망 (B.C. 108)
- 고구려 불교 전래 (372)
- 신라 불교 공인 (527)
- 고구려 살수 대첩 (612)
- 신라 삼국 통일 (676)
- 대조영 발해 건국 (698)
- 장보고 청해진 설치 (828)
- 견훤 후백제 건국 (900)
- 궁예 후고구려 건국 (901)
- 왕건 고려 건국 (918)
- 귀주 대첩 (1019)
- 윤관 여진 정벌 (1107)
- 고려 강화로 도읍 옮김 (1232)
- 개경 환도, 삼별초 대몽 항쟁 (1270)
- 문익점 원에서 목화씨 가져옴 (1363)
- 최무선 화약 만듦 (1377)
- 조선 건국 (1392)
- 훈민 정음 창제 (1443)
- 임진 왜란 (1592~1598)
- 한산도 대첩 (1592)
- 허준 동의보감 완성 (1610)
- 병자 호란 (1636)
- 상평 통보 전국 유통 (1678)

| B.C. | 선사 시대 및 연맹 왕국 시대 | A.D. 삼국 시대 | 698 남북국 시대 | 918 고려 시대 | 1392 |
|---|---|---|---|---|---|

2000 500 400 300 100 0 300 500 600 800 900 1000 1100 1200 1300 1400 1500 1600

| B.C. 고대 사회 | A.D. 375 중세 사회 | 1400 |
|---|---|---|

### 세계사 사건

- 중국 황하 문명 시작 (B.C. 2500년경)
- 인도 석가모니 탄생 (B.C. 563년경)
- 알렉산더 대왕 동방 원정 (B.C. 334)
- 크리스트교 공인 (313)
- 게르만 민족 대이동 시작 (375)
- 로마 제국 동서로 분열 (395)
- 수나라 중국 통일 (589)
- 이슬람교 창시 (610)
- 수 멸망 당나라 건국 (618)
- 러시아 건국 (862)
- 거란 건국 (918)
- 송 태종 중국 통일 (979)
- 제1차 십자군 원정 (1096)
- 테무친 몽골 통일 칭기즈 칸이 됨 (1206)
- 원 제국 성립 (1271)
- 원 멸망 명 건국 (1368)
- 잔 다르크 영국군 격파 (1429)
- 구텐베르크 금속 활자 발명 (1450)
- 코페르니쿠스 지동설 주장 (1543)
- 도요토미 히데요시 일본 통일 (1590)
- 독일 30년 전쟁 (1618)
- 영국 청교도 혁명 (1642~1649)
- 뉴턴 만유 인력의 법칙 발견 (1665)

### 세계사 인물

- 석가모니 (B.C. 563?~B.C. 483?)
- 예수 (B.C. 4?~A.D. 30)
- 칭기즈 칸 (1162~1227)

| | 1700 | 1800 | 1850 | 1860 | 1870 | 1880 | 1890 | 1900 | 1910 | 1920 | 1930 | 1940 | 1950 | 1970 | 1980 | 1990 | 2000 |
|---|---|---|---|---|---|---|---|---|---|---|---|---|---|---|---|---|---|
| 인물 (한국) | 정약용 (1762~1836)<br>김정호 (?~?) | | | | 주시경 (1876~1914)<br>김구 (1876~1949)<br>안창호 (1878~1938)<br>안중근 (1879~1910) | | 우장춘 (1898~1959)<br>방정환 (1899~1931) | 유관순 (1902~1920)<br>윤봉길 (1908~1932) | 이중섭 (1916~1956) | | 백남준 (1932~2006) | | 이태석 (1962~2010) | | | | |
| 사건 (한국) | 이승훈 천주교 전도 (1784) | | | 최제우 동학 창시 (1860)<br>김정호 대동여지도 제작 (1861) | 강화도 조약 체결 (1876)<br>지석영 종두법 전래 (1879) | 갑신정변 (1884) | 동학 농민 운동, 갑오개혁 (1894)<br>대한 제국 성립 (1897) | 을사조약 (1905)<br>헤이그 특사 파견, 고종 퇴위 (1907) | 한일 강제 합방 (1910)<br>3·1 운동 (1919) | 어린이날 제정 (1922) | 윤봉길·이봉창 의거 (1932) | 8·15 광복 (1945)<br>대한민국 정부 수립 (1948) | 6·25 전쟁 (1950~1953) | 10·26 사태 (1979) | 6·29 민주화 선언 (1987)<br>서울 올림픽 개최 (1988) | 북한 김일성 사망 (1994) | 의약 분업 실시 (2000) |
| 시대 (한국) | 조선 시대 | | | | | 1876 개화기 | | 1897 대한 제국 | 1910 일제 강점기 | | | | 1948 대한민국 | | | | |
| 시대 (세계) | 근대 사회 | | | | | | | 1900 현대 사회 | | | | | | | | | |
| 사건 (세계) | 미국 독립 선언 (1776)<br>프랑스 대혁명 (1789) | 청·영국 아편 전쟁 (1840~1842) | | 미국 남북 전쟁 (1861~1865) | 베를린 회의 (1878) | 청·프랑스 전쟁 (1884~1885) | 청·일 전쟁 (1894~1895)<br>헤이그 평화 회의 (1899) | 영·일 동맹 (1902)<br>러·일 전쟁 (1904~1905) | 제1차 세계 대전 (1914~1918)<br>러시아 혁명 (1917) | 세계 경제 대공황 시작 (1929) | 제2차 세계 대전 (1939~1945) | 태평양 전쟁 (1941~1945)<br>국제 연합 성립 (1945) | 소련 세계 최초 인공위성 발사 (1957) | 제4차 중동 전쟁 (1973)<br>소련 아프가니스탄 침공 (1979) | 미국 우주 왕복선 콜럼비아호 발사 (1981) | 독일 통일 (1990)<br>유럽 11개국 단일 통화 유로화 채택 (1998) | 미국 9·11 테러 (2001) |
| 인물 (세계) | 워싱턴 (1732~1799)<br>페스탈로치 (1746~1827)<br>모차르트 (1756~1791)<br>나폴레옹 (1769~1821) | 링컨 (1809~1865)<br>나이팅게일 (1820~1910)<br>파브르 (1823~1915)<br>노벨 (1833~1896)<br>에디슨 (1847~1931) | 가우디 (1852~1926) | 라이트 형제 (형, 윌버 1867~1912 / 동생, 오빌 1871~1948)<br>마리 퀴리 (1867~1934)<br>간디 (1869~1948) | 아문센 (1872~1928)<br>슈바이처 (1875~1965)<br>아인슈타인 (1879~1955) | 헬렌 켈러 (1880~1968) | | | 테레사 (1910~1997)<br>만델라 (1918~2013) | 마틴 루서 킹 (1929~1968) | | 스티븐 호킹 (1942~2018) | 오프라 윈프리 (1954~)<br>스티브 잡스 (1955~2011)<br>빌 게이츠 (1955~) | | | | |

2024년 12월 10일 2판 5쇄 **펴냄**
2014년 2월 25일 2판 1쇄 **펴냄**
2008년 6월 30일 1판 1쇄 **펴냄**

**펴낸곳** (주)효리원
**펴낸이** 윤종근
**글쓴이** 박재형 · **그린이** 정금석
**사진 제공** 중앙포토
**등록** 1990년 12월 20일 · **번호** 2-1108
**우편 번호** 03147
**주소** 서울시 종로구 삼일대로 457, 406호
**전화** 02)3675-5222 · **팩스** 02)765-5222



잘못 만들어진 책은 구입하신 서점에서 바꾸어 드립니다.
**ISBN** 978-89-281-0326-3 64990

**이메일** hyoreewon@hyoreewon.com
**홈페이지** www.hyoreewon.com